this book
belongs to

NAME : .... AGE : ....

DATE : .... GRADE: ....

STORY

NAME : .... AGE : ....

DATE : .... GRADE: ....

STORY

NAME : .... AGE : ....

DATE : .... GRADE: ....

STORY

NAME : .... AGE : ....

DATE : .... GRADE: ....

NAME : .... AGE : ....

DATE : .... GRADE: ....

NAME : .... AGE : ....

DATE : .... GRADE: ....

NAME : .... AGE : ....

DATE : .... GRADE: ....

STORY

NAME : .... AGE : ....

DATE : .... GRADE: ....

STORY

NAME : .... AGE : ....

DATE : .... GRADE: ....

STORY

NAME : .... AGE : ....

DATE : .... GRADE: ....

STORY

NAME : .... AGE : ....

DATE : .... GRADE: ....

STORY

NAME : .... AGE : ....

DATE : .... GRADE: ....

STORY

NAME : .... AGE : ....

DATE : .... GRADE: ....

STORY

NAME : .... AGE : ....

DATE : .... GRADE: ....

STORY

NAME : .... AGE : ....

DATE : .... GRADE: ....

STORY

NAME : .... AGE : ....

DATE : .... GRADE: ....

STORY

....

....

....

....

....

....

....

NAME : .... AGE : ....

DATE : .... GRADE: ....

STORY

....

....

....

....

....

NAME : .... AGE : ....

DATE : .... GRADE: ....

STORY

....

....

....

....

NAME : ____________ AGE : ____________

DATE : ____________ GRADE: ____________

STORY

NAME : ____________ AGE : ____________

DATE : ____________ GRADE: ____________

STORY

NAME : ____________ AGE : ____________

DATE : ____________ GRADE: ____________

STORY

NAME : .... AGE : ....

DATE : .... GRADE: ....

STORY

....

....

....

....

....

....

....

NAME : .... AGE : ....

DATE : .... GRADE: ....

STORY

....

....

....

....

....

NAME : .... AGE : ....

DATE : .... GRADE: ....

STORY

....

....

....

....

NAME : .... AGE : ....

DATE : .... GRADE: ....

STORY

NAME : .... AGE : ....

DATE : .... GRADE: ....

STORY

NAME : .... AGE : ....

DATE : .... GRADE: ....

STORY

NAME : .... AGE : ....

DATE : .... GRADE: ....

STORY

....

....

....

....

....

....

....

NAME : .... AGE : ....

DATE : .... GRADE: ....

STORY

....

....

....

....

....

NAME : .... AGE : ....

DATE : .... GRADE: ....

STORY

....

....

....

....

NAME : .... AGE : ....

DATE : .... GRADE: ....

STORY

NAME : .... AGE : ....

DATE : .... GRADE: ....

STORY

NAME : .... AGE : ....

DATE : .... GRADE: ....

STORY

NAME : .... AGE : ....

DATE : .... GRADE: ....

STORY

NAME : .... AGE : ....

DATE : .... GRADE: ....

STORY

NAME : .... AGE : ....

DATE : .... GRADE: ....

STORY

NAME : .... AGE : ....

DATE : .... GRADE: ....

STORY

NAME : .... AGE : ....

DATE : .... GRADE: ....

STORY

NAME : .... AGE : ....

DATE : .... GRADE: ....

STORY

NAME : .... AGE : ....

DATE : .... GRADE: ....

STORY

NAME : .... AGE : ....

DATE : .... GRADE: ....

STORY

NAME : .... AGE : ....

DATE : .... GRADE: ....

STORY

NAME : .... AGE : ....

DATE : .... GRADE: ....

STORY

NAME : .... AGE : ....

DATE : .... GRADE: ....

STORY

NAME : .... AGE : ....

DATE : .... GRADE: ....

STORY

NAME : .... AGE : ....

DATE : .... GRADE: ....

STORY

NAME : .... AGE : ....

DATE : .... GRADE: ....

STORY

NAME : .... AGE : ....

DATE : .... GRADE: ....

STORY

NAME : .... AGE : ....

DATE : .... GRADE: ....

STORY

NAME : .... AGE : ....

DATE : .... GRADE: ....

STORY

NAME : .... AGE : ....

DATE : .... GRADE: ....

STORY

NAME : .... AGE : ....

DATE : .... GRADE: ....

STORY

....
....
....
....
....
....
....

NAME : .... AGE : ....

DATE : .... GRADE: ....

STORY

....
....
....
....
....

NAME : .... AGE : ....

DATE : .... GRADE: ....

STORY

....
....
....
....

NAME : .... AGE : ....

DATE : .... GRADE: ....

STORY

NAME : .... AGE : ....

DATE : .... GRADE: ....

STORY

NAME : .... AGE : ....

DATE : .... GRADE: ....

STORY

NAME : .... AGE : ....

DATE : .... GRADE: ....

NAME : .... AGE : ....

DATE : .... GRADE: ....

NAME : .... AGE : ....

DATE : .... GRADE: ....

NAME : .... AGE : ....

DATE : .... GRADE: ....

STORY

NAME : .... AGE : ....

DATE : .... GRADE: ....

STORY

NAME : .... AGE : ....

DATE : .... GRADE: ....

STORY

NAME : .... AGE : ....

DATE : .... GRADE: ....

STORY

NAME : .... AGE : ....

DATE : .... GRADE: ....

STORY

NAME : .... AGE : ....

DATE : .... GRADE: ....

STORY

NAME : .... AGE : ....

DATE : .... GRADE: ....

STORY

....

....

....

....

....

....

....

NAME : .... AGE : ....

DATE : .... GRADE: ....

STORY

....

....

....

....

....

NAME : .... AGE : ....

DATE : .... GRADE: ....

STORY

....

....

....

....

NAME : .... AGE : ....

DATE : .... GRADE: ....

STORY

NAME : .... AGE : ....

DATE : .... GRADE: ....

STORY

NAME : .... AGE : ....

DATE : .... GRADE: ....

STORY

NAME : .... AGE : ....

DATE : .... GRADE: ....

STORY

NAME : .... AGE : ....

DATE : .... GRADE: ....

STORY

NAME : .... AGE : ....

DATE : .... GRADE: ....

STORY

NAME : .... AGE : ....

DATE : .... GRADE: ....

STORY

NAME : .... AGE : ....

DATE : .... GRADE: ....

STORY

NAME : .... AGE : ....

DATE : .... GRADE: ....

STORY

NAME : .... AGE : ....

DATE : .... GRADE: ....

STORY

NAME : .... AGE : ....

DATE : .... GRADE: ....

STORY

NAME : .... AGE : ....

DATE : .... GRADE: ....

STORY

NAME : .... AGE : ....

DATE : .... GRADE: ....

STORY

NAME : .... AGE : ....

DATE : .... GRADE: ....

STORY

NAME : .... AGE : ....

DATE : .... GRADE: ....

STORY

NAME : .... AGE : ....

DATE : .... GRADE: ....

NAME : .... AGE : ....

DATE : .... GRADE: ....

NAME : .... AGE : ....

DATE : .... GRADE: ....

NAME : .... AGE : ....

DATE : .... GRADE: ....

STORY

NAME : .... AGE : ....

DATE : .... GRADE: ....

STORY

NAME : .... AGE : ....

DATE : .... GRADE: ....

STORY

NAME : .... AGE : ....

DATE : .... GRADE: ....

STORY

NAME : .... AGE : ....

DATE : .... GRADE: ....

STORY

NAME : .... AGE : ....

DATE : .... GRADE: ....

STORY

NAME : .... AGE : ....

DATE : .... GRADE: ....

STORY

NAME : .... AGE : ....

DATE : .... GRADE: ....

STORY

NAME : .... AGE : ....

DATE : .... GRADE: ....

STORY

NAME : ....   AGE : ....

DATE : ....   GRADE: ....

STORY

NAME : ....   AGE : ....

DATE : ....   GRADE: ....

STORY

NAME : ....   AGE : ....

DATE : ....   GRADE: ....

STORY

NAME : .... AGE : ....

DATE : .... GRADE: ....

NAME : .... AGE : ....

DATE : .... GRADE: ....

NAME : .... AGE : ....

DATE : .... GRADE: ....

NAME : .... AGE : ....

DATE : .... GRADE: ....

STORY

....

....

....

....

....

....

....

NAME : .... AGE : ....

DATE : .... GRADE: ....

STORY

....

....

....

....

....

NAME : .... AGE : ....

DATE : .... GRADE: ....

STORY

....

....

....

....

NAME : .... AGE : ....

DATE : .... GRADE: ....

STORY

NAME : .... AGE : ....

DATE : .... GRADE: ....

STORY

NAME : .... AGE : ....

DATE : .... GRADE: ....

STORY

NAME : .... AGE : ....

DATE : .... GRADE: ....

STORY

....

....

....

....

....

....

....

NAME : .... AGE : ....

DATE : .... GRADE: ....

STORY

....

....

....

....

....

NAME : .... AGE : ....

DATE : .... GRADE: ....

STORY

....

....

....

....

NAME : .... AGE : ....

DATE : .... GRADE: ....

STORY

NAME : .... AGE : ....

DATE : .... GRADE: ....

STORY

NAME : .... AGE : ....

DATE : .... GRADE: ....

STORY

NAME : .... AGE : ....

DATE : .... GRADE: ....

NAME : .... AGE : ....

DATE : .... GRADE: ....

NAME : .... AGE : ....

DATE : .... GRADE: ....

NAME : .... AGE : ....

DATE : .... GRADE: ....

STORY

NAME : .... AGE : ....

DATE : .... GRADE: ....

STORY

NAME : .... AGE : ....

DATE : .... GRADE: ....

STORY

NAME : .... AGE : ....

DATE : .... GRADE: ....

STORY

....

....

....

....

....

....

NAME : .... AGE : ....

DATE : .... GRADE: ....

STORY

....

....

....

....

....

NAME : .... AGE : ....

DATE : .... GRADE: ....

STORY

....

....

....

....

NAME : .... AGE : ....

DATE : .... GRADE: ....

STORY

NAME : .... AGE : ....

DATE : .... GRADE: ....

STORY

NAME : .... AGE : ....

DATE : .... GRADE: ....

STORY

NAME : .... AGE : ....

DATE : .... GRADE: ....

STORY

....

....

....

....

....

....

NAME : .... AGE : ....

DATE : .... GRADE: ....

STORY

....

....

....

....

....

NAME : .... AGE : ....

DATE : .... GRADE: ....

STORY

....

....

....

....

NAME : .... AGE : ....

DATE : .... GRADE: ....

STORY

NAME : .... AGE : ....

DATE : .... GRADE: ....

STORY

NAME : .... AGE : ....

DATE : .... GRADE: ....

STORY

NAME : .... AGE : ....

DATE : .... GRADE: ....

STORY

NAME : .... AGE : ....

DATE : .... GRADE: ....

STORY

NAME : .... AGE : ....

DATE : .... GRADE: ....

STORY

NAME : .... AGE : ....

DATE : .... GRADE: ....

STORY

NAME : .... AGE : ....

DATE : .... GRADE: ....

STORY

NAME : .... AGE : ....

DATE : .... GRADE: ....

STORY

NAME : .... AGE : ....

DATE : .... GRADE: ....

STORY

NAME : .... AGE : ....

DATE : .... GRADE: ....

STORY

NAME : .... AGE : ....

DATE : .... GRADE: ....

STORY

NAME : .... AGE : ....

DATE : .... GRADE: ....

STORY

NAME : .... AGE : ....

DATE : .... GRADE: ....

STORY

NAME : .... AGE : ....

DATE : .... GRADE: ....

STORY

NAME : AGE :

DATE : GRADE:

NAME : AGE :

DATE : GRADE:

NAME : AGE :

DATE : GRADE:

NAME : .... AGE : ....

DATE : .... GRADE: ....

STORY

NAME : .... AGE : ....

DATE : .... GRADE: ....

STORY

NAME : .... AGE : ....

DATE : .... GRADE: ....

STORY

NAME : AGE :

DATE : GRADE:

STORY

NAME : AGE :

DATE : GRADE:

STORY

NAME : AGE :

DATE : GRADE:

STORY

NAME : .... AGE : ....

DATE : .... GRADE: ....

STORY

NAME : .... AGE : ....

DATE : .... GRADE: ....

STORY

NAME : .... AGE : ....

DATE : .... GRADE: ....

STORY

NAME : .... AGE : ....

DATE : .... GRADE: ....

STORY

NAME : .... AGE : ....

DATE : .... GRADE: ....

STORY

NAME : .... AGE : ....

DATE : .... GRADE: ....

STORY

NAME : .... AGE : ....

DATE : .... GRADE: ....

STORY

NAME : .... AGE : ....

DATE : .... GRADE: ....

STORY

NAME : .... AGE : ....

DATE : .... GRADE: ....

STORY

NAME : .... AGE : ....

DATE : .... GRADE: ....

STORY

....

....

....

....

....

....

....

NAME : .... AGE : ....

DATE : .... GRADE: ....

STORY

....

....

....

....

....

NAME : .... AGE : ....

DATE : .... GRADE: ....

STORY

....

....

....

....

NAME : .... AGE : ....

DATE : .... GRADE: ....

STORY

NAME : .... AGE : ....

DATE : .... GRADE: ....

STORY

NAME : .... AGE : ....

DATE : .... GRADE: ....

STORY

NAME : .... AGE : ....

DATE : .... GRADE: ....

STORY

NAME : .... AGE : ....

DATE : .... GRADE: ....

STORY

NAME : .... AGE : ....

DATE : .... GRADE: ....

STORY

NAME : .... AGE : ....

DATE : .... GRADE: ....

STORY

NAME : .... AGE : ....

DATE : .... GRADE: ....

STORY

NAME : .... AGE : ....

DATE : .... GRADE: ....

STORY

NAME : .... AGE : ....

DATE : .... GRADE: ....

STORY

NAME : .... AGE : ....

DATE : .... GRADE: ....

STORY

NAME : .... AGE : ....

DATE : .... GRADE: ....

STORY

NAME : .... AGE : ....

DATE : .... GRADE: ....

STORY

NAME : .... AGE : ....

DATE : .... GRADE: ....

STORY

NAME : .... AGE : ....

DATE : .... GRADE: ....

STORY

NAME : .... AGE : ....

DATE : .... GRADE: ....

STORY

NAME : .... AGE : ....

DATE : .... GRADE: ....

STORY

NAME : .... AGE : ....

DATE : .... GRADE: ....

STORY

NAME : .... AGE : ....

DATE : .... GRADE: ....

STORY

....

....

....

....

....

....

....

NAME : .... AGE : ....

DATE : .... GRADE: ....

STORY

....

....

....

....

....

NAME : .... AGE : ....

DATE : .... GRADE: ....

STORY

....

....

....

....

NAME :

AGE :

DATE :

GRADE:

STORY

NAME :

AGE :

DATE :

GRADE:

STORY

NAME :

AGE :

DATE :

GRADE:

STORY

NAME : .... AGE : ....

DATE : .... GRADE: ....

STORY

NAME : .... AGE : ....

DATE : .... GRADE: ....

STORY

NAME : .... AGE : ....

DATE : .... GRADE: ....

STORY

NAME : .... AGE : ....

DATE : .... GRADE: ....

STORY

NAME : .... AGE : ....

DATE : .... GRADE: ....

STORY

NAME : .... AGE : ....

DATE : .... GRADE: ....

STORY

NAME : .... AGE : ....

DATE : .... GRADE: ....

STORY

NAME : .... AGE : ....

DATE : .... GRADE: ....

STORY

NAME : .... AGE : ....

DATE : .... GRADE: ....

STORY

NAME : .... AGE : ....

DATE : .... GRADE: ....

STORY

....

....

....

....

....

....

....

NAME : .... AGE : ....

DATE : .... GRADE: ....

STORY

....

....

....

....

....

NAME : .... AGE : ....

DATE : .... GRADE: ....

STORY

....

....

....

....

NAME : .... AGE : ....

DATE : .... GRADE: ....

STORY

NAME : .... AGE : ....

DATE : .... GRADE: ....

STORY

NAME : .... AGE : ....

DATE : .... GRADE: ....

STORY

NAME : .... AGE : ....

DATE : .... GRADE: ....

NAME : .... AGE : ....

DATE : .... GRADE: ....

NAME : .... AGE : ....

DATE : .... GRADE: ....

NAME : .... AGE : ....

DATE : .... GRADE: ....

STORY

NAME : .... AGE : ....

DATE : .... GRADE: ....

STORY

NAME : .... AGE : ....

DATE : .... GRADE: ....

STORY

NAME : .... AGE : ....

DATE : .... GRADE: ....

....

....

....

....

....

....

....

NAME : .... AGE : ....

DATE : .... GRADE: ....

....

....

....

....

....

NAME : .... AGE : ....

DATE : .... GRADE: ....

....

....

....

....

NAME : .... AGE : ....

DATE : .... GRADE: ....

STORY

NAME : .... AGE : ....

DATE : .... GRADE: ....

STORY

NAME : .... AGE : ....

DATE : .... GRADE: ....

STORY

NAME : .... AGE : ....

DATE : .... GRADE: ....

STORY

NAME : .... AGE : ....

DATE : .... GRADE: ....

STORY

NAME : .... AGE : ....

DATE : .... GRADE: ....

STORY

NAME : .... AGE : ....

DATE : .... GRADE: ....

STORY

NAME : .... AGE : ....

DATE : .... GRADE: ....

STORY

NAME : .... AGE : ....

DATE : .... GRADE: ....

STORY

NAME : .... AGE : ....

DATE : .... GRADE: ....

NAME : .... AGE : ....

DATE : .... GRADE: ....

NAME : .... AGE : ....

DATE : .... GRADE: ....

NAME : .... AGE : ....

DATE : .... GRADE: ....

STORY

NAME : .... AGE : ....

DATE : .... GRADE: ....

STORY

NAME : .... AGE : ....

DATE : .... GRADE: ....

STORY

NAME : .... AGE : ....

DATE : .... GRADE: ....

NAME : .... AGE : ....

DATE : .... GRADE: ....

NAME : .... AGE : ....

DATE : .... GRADE: ....

NAME : ------------------------------ AGE : --------------------

DATE : ------------------------------ GRADE: --------------------

STORY

NAME : ------------------------------ AGE : --------------------

DATE : ------------------------------ GRADE: --------------------

STORY

NAME : ------------------------------ AGE : --------------------

DATE : ------------------------------ GRADE: --------------------

STORY

NAME : .... AGE : ....

DATE : .... GRADE: ....

NAME : .... AGE : ....

DATE : .... GRADE: ....

NAME : .... AGE : ....

DATE : .... GRADE: ....

NAME : AGE :

DATE : GRADE:

STORY

NAME : AGE :

DATE : GRADE:

STORY

NAME : AGE :

DATE : GRADE:

STORY

NAME : .... AGE : ....

DATE : .... GRADE: ....

STORY

NAME : .... AGE : ....

DATE : .... GRADE: ....

STORY

NAME : .... AGE : ....

DATE : .... GRADE: ....

STORY

NAME : .... AGE : ....

DATE : .... GRADE: ....

STORY

NAME : .... AGE : ....

DATE : .... GRADE: ....

STORY

NAME : .... AGE : ....

DATE : .... GRADE: ....

STORY

NAME : .... AGE : ....

DATE : .... GRADE: ....

STORY

NAME : .... AGE : ....

DATE : .... GRADE: ....

STORY

NAME : .... AGE : ....

DATE : .... GRADE: ....

STORY

NAME : .... AGE : ....

DATE : .... GRADE: ....

STORY

NAME : .... AGE : ....

DATE : .... GRADE: ....

STORY

NAME : .... AGE : ....

DATE : .... GRADE: ....

STORY

NAME : .... AGE : ....

DATE : .... GRADE: ....

STORY

NAME : .... AGE : ....

DATE : .... GRADE: ....

STORY

NAME : .... AGE : ....

DATE : .... GRADE: ....

STORY

NAME : .... AGE : ....

DATE : .... GRADE: ....

STORY

....

....

....

....

....

....

....

NAME : .... AGE : ....

DATE : .... GRADE: ....

STORY

....

....

....

....

....

NAME : .... AGE : ....

DATE : .... GRADE: ....

STORY

....

....

....

....

NAME : ______________ **AGE :** ______________

DATE : ______________ **GRADE:** ______________

STORY

NAME : ______________ **AGE :** ______________

DATE : ______________ **GRADE:** ______________

STORY

NAME : ______________ **AGE :** ______________

DATE : ______________ **GRADE:** ______________

STORY

NAME : .... AGE : ....

DATE : .... GRADE: ....

NAME : .... AGE : ....

DATE : .... GRADE: ....

NAME : .... AGE : ....

DATE : .... GRADE: ....

NAME : .... AGE : ....

DATE : .... GRADE: ....

STORY

....

....

....

....

....

....

....

NAME : .... AGE : ....

DATE : .... GRADE: ....

STORY

....

....

....

....

....

NAME : .... AGE : ....

DATE : .... GRADE: ....

STORY

....

....

....

....

NAME : .... AGE : ....

DATE : .... GRADE: ....

STORY

NAME : .... AGE : ....

DATE : .... GRADE: ....

STORY

NAME : .... AGE : ....

DATE : .... GRADE: ....

STORY

NAME : .... AGE : ....

DATE : .... GRADE: ....

STORY

NAME : .... AGE : ....

DATE : .... GRADE: ....

STORY

NAME : .... AGE : ....

DATE : .... GRADE: ....

STORY

NAME : .... AGE : ....

DATE : .... GRADE: ....

STORY

NAME : .... AGE : ....

DATE : .... GRADE: ....

STORY

NAME : .... AGE : ....

DATE : .... GRADE: ....

STORY

NAME : .... AGE : ....

DATE : .... GRADE: ....

NAME : .... AGE : ....

DATE : .... GRADE: ....

NAME : .... AGE : ....

DATE : .... GRADE: ....

NAME : .... AGE : ....

DATE : .... GRADE: ....

STORY

NAME : .... AGE : ....

DATE : .... GRADE: ....

STORY

NAME : .... AGE : ....

DATE : .... GRADE: ....

STORY

NAME :

AGE :

DATE :

GRADE:

STORY

NAME :

AGE :

DATE :

GRADE:

STORY

NAME :

AGE :

DATE :

GRADE:

STORY

NAME : .... AGE : ....

DATE : .... GRADE: ....

STORY

NAME : .... AGE : ....

DATE : .... GRADE: ....

STORY

NAME : .... AGE : ....

DATE : .... GRADE: ....

STORY

NAME : .... AGE : ....

DATE : .... GRADE: ....

STORY

NAME : .... AGE : ....

DATE : .... GRADE: ....

STORY

NAME : .... AGE : ....

DATE : .... GRADE: ....

STORY

NAME : .... AGE : ....

DATE : .... GRADE: ....

STORY

NAME : .... AGE : ....

DATE : .... GRADE: ....

STORY

NAME : .... AGE : ....

DATE : .... GRADE: ....

STORY

NAME : .... AGE : ....

DATE : .... GRADE: ....

STORY

NAME : .... AGE : ....

DATE : .... GRADE: ....

STORY

NAME : .... AGE : ....

DATE : .... GRADE: ....

STORY

Made in the USA
Middletown, DE
02 June 2024

55159042R00057